Die Nürnberger Prozesse. Die Strategien der Alliierten hinter den atrocity-Filmen

Jonas Poburski

Bibliografische Information der Deutschen Nationalbibliothek:

Die Deutsche Nationalbibliothek verzeichnet diese Publikation in der Deutschen Nationalbibliografie; detaillierte bibliografische Daten sind im Internet über http://dnb.d-nb.de abrufbar.

ISBN: 9783346578945
Dieses Buch ist auch als E-Book erhältlich.

Druck und Bindung: Books on Demand GmbH, Norderstedt Germany
Gedruckt auf säurefreiem Papier aus verantwortungsvollen Quellen

Das vorliegende Werk wurde sorgfältig erarbeitet. Dennoch übernehmen Autoren und Verlag für die Richtigkeit von Angaben, Hinweisen, Links und Ratschlägen sowie eventuelle Druckfehler keine Haftung.

Das Buch bei GRIN: https://www.grin.com/document/1169139

Freie Universität Berlin
Friedrich-Meinecke-Institut
Sommersemester 2021
Lehrveranstaltung: Die Nürnberger Prozesse

Die Nürnberger Prozesse
Die Strategien der Alliierten hinter den atrocity-Filmen

Vorgelegt von: Jonas Poburski

Studienfächer: Geschichte / Mathematik
Abgabe: 09.09.2021

Inhaltsverzeichnis

1. Einleitung

1.1 Hinführung zum Thema

Die Nürnberger Prozesse waren mehrere Gerichtsverfahren gegen die führenden Vertreter des Deutschen Reichs zur Zeit des Nationalsozialismus nach Ende des Zweiten Weltkriegs. Sie waren unterteilt in den Hauptkriegsverbrecherprozess vor dem Internationalen Militärgerichtshof (IMT) und den zwölf Nachfolgeprozessen vor einem US-amerikanischen Militärtribunal (NMT). Die Verfahren fanden von November 1945 bis April 1949 im Justizpalast Nürnberg statt.

Der Hauptkriegsverbrecherprozess (im Folgenden häufig „IMT" genannt) erlangt seine Bedeutung durch die umfangreiche Anzahl an Beweisdokumenten, sowie durch Verhöre einiger hundert Zeugen, womit das Tribunal der Alliierten in der Geschichte als bedeutendster Prozess gesehen werden kann[1]. Zentraler Bestandteil dieser Arbeit sind die sogenannten atrocity-Filme im IMT, die nicht nur im Gerichtsverfahren selbst, sondern ebenfalls der Bevölkerung vorgeführt wurden. Das Zeigen eines Films war bis dahin ein Novum in der Rechtsgeschichte[2] und trägt somit zum Ansehen des IMTs bei.

1.2 Vorgehensweise

Welche Strategien der Alliierten steckten hinter den atrocity-Filmen? Und wie gingen diese Strategien auf?

Um aufzuklären, was sich die Alliierten bei den zusammengeschnittenen Filmen über die Verbrechen des NS-Regimes gedacht haben, werden in der vorliegenden Arbeit vorab die äußeren Merkmale des multimedialen Prozesses behandelt, indem der Medienverbund rund um das Verfahren erläutert und der Gerichtssaal 600 im Justizpalast Nürnberg betrachtet wird. Anschließend, nach einer Einführung zu den atrocity-Filmen und deren Strategien, wird die Wirkung der Filme im IMT mit dem Filmbeispiel *Nazi Concentration Camps* untersucht.

Darauffolgend werden die Strategien des Vorführens der Filme für die breite Masse der Öffentlichkeit der deutschen Bevölkerung anhand des Filmbeispiels *Die Todesmühlen* analysiert.

Nach Abwägung der Vor- und Nachteile der atrocity-Filme wird abschließend der Erfolg der Strategien hinter den Filmen rekapituliert und somit die Leitfragen nach Sinn und Zweck und der Wirkung der atrocity-Filme beantwortet.

---

[1] Vgl. Müller, Ingo. Der Nürnberger Prozeß: Die Anklagereden des Hauptanklagevertreters der Vereinigten Staaten von Amerika Robert H. Jackson, Weinheim 1995, S. 17.
[2] Vgl. Vismann, Cornelia. Medien der Rechtsprechung, Berlin 2011, S.223.

1.3 Forschungsstand

Während der Literaturrecherche ergab sich, dass, wenn überhaupt die frühen KZ-Filme im IMT in der Forschungsliteratur erwähnt wurden, das oft nur pauschal passierte und dies ohne richtige Unterscheidung der einzelnen Filme[3]. Lediglich *Beschämende Bilder* von Ulrike Weckel setzte sich intensiv mit den verschiedenen gezeigten Filmen im IMT auseinander. Sie beschrieb dabei sowohl die Situation im Gerichtssaal als auch detailliert die Reaktionen der Bevölkerung auf die atrocity-Filme. Des Weiteren beschreibt Erika Mann in der Quelle *KZ-Filme* die Reaktionen einzelner Beteiligter des Gerichts auf den Film *Nazi Concentration Camps*.

Die Quellen- und Literaturlage zu den Vorführungen der atrocity-Filme vor der Bevölkerung und deren Reaktion darauf ist jedoch gut, „denn wohl nie zuvor (…) wurden Filmzuschauer und -zuschauerinnen so ausgiebig beobachtet, beschrieben, belauscht, befragt und interviewt wie (…) zivile Kinogänger und -gängerinnen während und nach dem Anschauen eines KZ-Films."[4]

In der bisherigen Forschung wurde wesentlich die Frage nach der Sinnhaftigkeit der atrocity-Filme untersucht. Seither wurde eher weniger detailliert auf die vermuteten Strategien und deren Wirkung eingegangen, abgesehen von *Beschämender Bilder*, welches sich aber vor allem auf die Öffentlichkeit bezieht.

2. Atrocity-Filme im Internationalen Militärgerichtshof (IMT) und in der Öffentlichkeit

2.1 Medienverbund

Der Prozess in Nürnberg war ein „multimedial konstituierter Gerichtsprozess"[5]. Er weist generell „eine große Offenheit für alle medientechnischen Neuheiten auf, die die Zeit nach 1945 zu bieten hatte"[6] und verlieh so dem Prozess seine große Bedeutung, da er der Öffentlichkeit Zeitgeschichte sichtbar machte[7].

Der Medienverbund ist eine Kombination verschiedener Kommunikationsmittel und bestand bei den Nürnberger Prozessen „aus Mikrophonen und Kopfhörern, Simultandolmetschern, Zuhörern und Verhörten, Leinwand, Richtern, Kameras, Prozessbeobachtern und

---

[3] Vgl. Weckel, Ulrike. Beschämende Bilder: Deutsche Reaktionen auf alliierte Dokumentarfilme über befreite Konzentrationslager, Stuttgart 2012, S. 178.

[4] Ebd., S. 559.

[5] Priemel, Kim Christian: Stimmen im Kopf, Mithören und Mitmachen in den Nürnberger Prozessen (1945-1949). In: Zeithistorische Forschungen, Göttingen 2019, S. 382.

[6] Vismann, Cornelia. Medien der Rechtsprechung, Berlin 2011, S. 223.

[7] Vgl. Steinbach, Peter. Nationalsozialistische Gewaltverbrechen: Die Diskussion in der deutschen Öffentlichkeit nach 1945, Berlin 1981, S. 25.

Beobachteten"[8]. Das Gerichtsverfahren war auch das erste, bei dem das Geschehen im Gerichtssaal aufgenommen wurde, indem drei Kameras aufgestellt waren, die das Bildmaterial zum Prozess lieferten[9].

Diesbezüglich ist der Wille der Alliierten zu vermuten, dass nicht nur die Personen im Gericht, sondern die ganze Welt bzw. die Öffentlichkeit der deutschen Bevölkerung das Geschehen im Gerichtssaal mitbekommen sollten, eventuell um dem im Raum stehenden Vorwurf der Siegerjustiz entgegenzuwirken, aber auch damit alle mitbekommen, für was die Repräsentanten des NS-Regimes verantwortlich waren.

2.2 Gerichtssaal

Der Gerichtssaal 600 im Nürnberger Justizpalast wurde für das wichtige Verfahren umgebaut. In der Forschungsliteratur wird dafür auch der Begriff „courtroom drama"[10] verwendet, da die Konstellation aus Kamera und Filmvorführung die Szene vor Gericht in einen Gerichtsfilm verwandelte[11].

Die Alliierten stellten für die Verwendung der atrocity-Filme eine Projektionsfläche im Gerichtssaal auf, um die herum der Verhandlungsort geschaffen wurde – dies erinnerte aber eher an ein Kino anstatt an einen Gerichtssaal, da außerdem die Klappstühle für die Zuschauer diesen Eindruck unterstrichen[12]. Zusätzlich gab es unterhalb der Decke angebrachte Sendekabinen für die Reporter[13] sowie erhöhte Dolmetscherkabinen, von denen aus man durch Glasscheiben das Geschehen im Gerichtssaal gut überblicken konnte[14].

Cornelia Vismann schreibt diesen technischen Besonderheiten den Begriff eines Bildgebungsverfahrens zu, denn den Alliierten ging es vor allem darum, die Undarstellbarkeit der Gräueltaten zu veranschaulichen[15] – dies geschah durch die Leinwand im Gerichtssaal und für die Öffentlichkeit über die Journalisten, aber auch durch die atrocity-Filme für die Bevölkerung wie z.B. *Die Todesmühlen*. Aber genau diese und andere Besonderheiten, wie beispielsweise die Anbringung von Neonröhren unter den Bänken der Angeklagten, um sie

---

[8] Vismann, Cornelia. Medien der Rechtsprechung, Berlin 2011, S. 223.
[9] Vgl. ebd., S. 223.
[10] Ebd., S. 241.
[11] Vgl. ebd., S. 252.
[12] Vgl. ebd., S. 243.
[13] Vgl. Wagner, Hans-Ulrich. Der Nürnberger Hauptkriegsverbrecherprozess als Medienereignis, Die Berichterstattung durch die Rundfunksender in den westalliierten Besatzungszonen 1945/46. In: Zeitgeschichte-online, Oktober 2015.
[14] Vgl. Priemel, Kim Christian: Stimmen im Kopf, Mithören und Mitmachen in den Nürnberger Prozessen (1945-1949). In: Zeithistorische Forschungen, Göttingen 2019, S. 376ff.
[15] Vgl. Vismann, Cornelia. Medien der Rechtsprechung, Berlin 2011, S. 241f.

beim Abspielen der Filme möglichst genau beobachten zu können[16], führten, vor allem durch die Vorführung eines Films, zur Enttäuschung hinsichtlich einer ordentlichen Justiz[17].

2.3 Die atrocity-Filme

Die Alliierten planten nach Ende des Krieges, dass der Prozess „dafür genutzt werden müsse, die Deutschen über den verbrecherischen Grundcharakter des NS-Regimes und die verschiedenen Facetten dieser neuartigen Form von Staatskriminalität zu informieren"[18]. Es lag auch angesichts der technischen Entwicklung der Kriegsberichterstattung nahe, die deutschen Kriegsverbrechen visuell zu dokumentieren[19], um dadurch genügend Material als Beweise zu sammeln.

Filme hatten für die Menschen im Gegensatz zu Zeugenaussagen oder Dokumenten eine größere Beweiskraft[20], weshalb die jeweiligen Mächte schon seit 1942/43 Film- und Kamerateams in Kampfzonen schickten[21], vermehrt aber zum Ende des Krieges für die Beweissammlung in den Konzentrationslagern. In den Filmbeweisen sind viele Opfer des NS-Regimes zu sehen, deren Leiden man nicht persönlich vor Gericht anhören konnte, man bekam aber zumindest ein Bild von dem Schrecken zu sehen[22].

Da bei den ausgewählten Filmen und Fotos über Konzentrationslager, die vor Gericht gezeigt wurden, keiner der anwesenden Angeklagten zu sehen war, versuchten die Alliierten mit den Aufnahmen zu beweisen, dass von Staats wegen Verbrechen planmäßig ausgeführt worden waren[23]. So sprach Thomas Dodd, ein Mitarbeiter des Hauptanklägers Robert H. Jackson, im Prozess davon, dass die Filme beweisen würden, dass jeder einzelne Angeklagte von der Existenz der Konzentrationslager gewusst hatte und dass einige von ihnen die Verantwortung für die Entstehung, Kontrolle und Verwaltung des Systems der Konzentrationslager trugen[24]. Zu vermuten ist, dass die Anklage eben dies der Bevölkerung, innerhalb und außerhalb des Gerichts, klar machen wollte, damit sie die Gräueltaten der NS-Verbrecher erkennt und dass diese genau dafür verurteilt würden. Es wurden nämlich nur wenige Filme als Beweismittel

---

[16] Vgl. Weckel, Ulrike: The Power of Images. In: Priemel, Kim C.; Stiller, Alexa (Hrsg.). Reassessing the Nuremberg Military Tribunals: Transitional Justice, Trial Narratives, and Historiography, New York 2012, S. 226.
[17] Vgl. Vismann, Cornelia. Medien der Rechtsprechung, Berlin 2011, S. 246.
[18] Weinke, Anette. Die Nürnberger Prozesse, München 2006, S. 44.
[19] Vgl. Weckel, Ulrike. Beschämende Bilder: Deutsche Reaktionen auf alliierte Dokumentarfilme über befreite Konzentrationslager, Stuttgart 2012, S. 45.
[20] Vgl. Weckel, Ulrike: The Power of Images. In: Priemel, Kim C.; Stiller, Alexa (Hrsg.). Reassessing the Nuremberg Military Tribunals: Transitional Justice, Trial Narratives, and Historiography, New York 2012, S. 223.
[21] Vgl. Weinke, Anette. Die Nürnberger Prozesse, München 2006.
[22] Vgl. Weckel, Ulrike: The Power of Images. In: Priemel, Kim C.; Stiller, Alexa (Hrsg.). Reassessing the Nuremberg Military Tribunals: Transitional Justice, Trial Narratives, and Historiography, New York 2012, S. 228.
[23] Vgl. Brink, Cornelia. Ikonen der Vernichtung: Öffentlicher Gebrauch von Fotografien aus nationalsozialistischen Konzentrationslagern nach 1945, Berlin 1998, S. 121.
[24] Vgl. Weinke, Anette. Die Nürnberger Prozesse, München 2006, S. 46.

zugelassen[25], so war es demnach hauptsächlich ihre Aufgabe, die Anklage zu illustrieren[26].

Denn neben der Beweisfunktion der Filme sollte die visuelle Dokumentation obendrein Einsichten vermitteln und Gefühle wecken, die durch Zeitungs- und Radiomeldungen bislang nicht zum Vorschein kamen[27].

Ein weiterer entscheidender Grund für die Vorführung der Filme war die überwältigende Fülle des vorhandenen Materials, welches aus Sicht der Alliierten eine unersetzliche Beweisquelle war[28].

Diese Arbeit konzentriert sich auf die beiden atrocity-Filme *Nazi Concentrations Camps*, der am 29. November 1945 wenige Tage nach Prozessbeginn im IMT gezeigt wurde und *Die Todesmühlen*, der das Schrecken des NS-Regimes für die Öffentlichkeit darstellen sollte. *Nazi Concentration Camps* ist vor allem durch die besonders erschreckenden Filmaufnahmen bekannt. Erika Mann schreibt über ihn als schockierendsten Dokumentarfilm, den es über die deutschen Gräueltaten gibt, der im Gerichtssaal vorgeführt wurde[29].

Die Todesmühlen, ebenfalls konzipiert von den USA, war ein für die Bevölkerung erstellter Film, der größtenteils aus Filmausschnitten aus *Nazi Concentration Camps* besteht. Die Alliierten versuchten mit der Macht der Bilder die Bevölkerung aufzuklären, da bis dahin schriftliche und mündliche Berichte über Massenmorde in den Konzentrationslagern, vielfach auf Unglauben gestoßen waren[30]. Deshalb wurde das Filmmaterial für die Reeducation oder auch Demokratisierung und Entnazifizierung eingesetzt und aufgrund der grausamen Bilder als Schockpädagogik klassifiziert[31].

2.3.1 Die Angeklagten

Der Hauptkriegsverbrecherprozess war ein besonderes, intensiv vorbereitetes Ereignis, auf das große Teile der Welt schauten. Es gab außerdem viel nebenbei zu beachten, wie zum Beispiel der im Raum stehende Begriff der ausgeübten Siegerjustiz der Alliierten, den sie zu bekämpfen versuchten, die Umbauung und Herrichtung eines ganzen Gerichtssaals, sowie auch der große

---

[25] Vgl. Weckel, Ulrike: The Power of Images. In: Priemel, Kim C.; Stiller, Alexa (Hrsg.). Reassessing the Nuremberg Military Tribunals: Transitional Justice, Trial Narratives, and Historiography, New York 2012, S. 229.
[26] Vgl. Brink, Cornelia. Ikonen der Vernichtung: Öffentlicher Gebrauch von Fotografien aus nationalsozialistischen Konzentrationslagern nach 1945, Berlin 1998, S. 122.
[27] Vgl. Weckel, Ulrike. Beschämende Bilder: Deutsche Reaktionen auf alliierte Dokumentarfilme über befreite Konzentrationslager, Stuttgart 2012, S. 11.
[28] Vgl. Weinke, Anette. Die Nürnberger Prozesse, München 2006, S. 45.
[29] Vgl. Mann, Erika. KZ-Filme. In: Radlmeier, Stefan (Hrsg.). Der Nürnberger Lernprozess, Von Kriegsverbrechern und Starreportern, Frankfurt 2001, S. 120.
[30] Vgl. Weckel, Ulrike. Beschämende Bilder: Deutsche Reaktionen auf alliierte Dokumentarfilme über befreite Konzentrationslager, Stuttgart 2012, S. 519.
[31] Vgl. ebd., S. 520.

Presse- und Journalistenandrang. Doch auf eine Gruppe wurde im IMT besonders geachtet: Die Angeklagten.

Viele Menschen bekamen nun ihre Gesichter wie auf einem Tablett präsentiert. Gesichter, die für unzählige Tote und Leiden verantwortlich waren. Schließlich wurden sie durch diesen Prozess und darin vor allem durch die atrocity-Filme „vor einer weltweiten Öffentlichkeit zur Rechenschaft gezogen"[32]. Robert H. Jackson dokumentierte die Filme mit der Aussage man wolle die Angeklagten nicht aufgrund der Aussage ihrer Feinde verurteilen, sondern aufgrund von Aufzeichnungen[33].

Der bis dahin noch nicht bekannte Film *Nazi Concentration Camps* war „gleich der erste von den acht Filmen, die im Nürnberger Hauptkriegsverbrecherprozess vorgeführt"[34] wurden. Doch noch vor der Vorführung des Films wurden Neonröhren unter den Anklagebänken montiert, um die Reaktion der Angeklagten zu sehen und deuten zu können – man versuchte sie öffentlich zu beschämen, vor allem nachdem sie für „nicht schuldig" plädierten[35]. Die Ermittlung der Reaktionen der Angeklagten war „damals das vorrangige Interesse vieler Prozessbeobachter und -beobachterinnen"[36].

Die Alliierten ließen darüber hinaus, während der Film abgespielt wurde, geschulte Psychologen die Reaktionen der Angeklagten dokumentieren[37], um Gefühle wie Trauer, Scham und Schuld festzustellen. Ebenfalls wollten sie an ihren Gesichtern, „an ihren Blicken und Haltungen etwas über ihren Charakter und ihre Persönlichkeit und damit auch einer Erklärung für die Verbrechen ablesen"[38].

„Dass die inszenierte Beschämung einige Angeklagte dazu provozierte, sich gegen ein Ausspionieren ihrer Gefühle zu wappnen und zu versuchen, ein undurchdringliches Gesicht zur Schau zu tragen, erscheint psychologisch plausibel"[39]. Genau das taten sie auch, denn nur wenige von ihnen zeigten überhaupt eine Reaktion. Einer von jenen, die eine Resonanz zeigten,

---

[32] Wagner, Hans-Ulrich. Der Nürnberger Hauptkriegsverbrecherprozess als Medienereignis, Die Berichterstattung durch die Rundfunksender in den westalliierten Besatzungszonen 1945/46. In: Zeitgeschichte-online, Oktober 2015.
[33] Vgl. Weckel, Ulrike: The Power of Images. In: Priemel, Kim C.; Stiller, Alexa (Hrsg.). Reassessing the Nuremberg Military Tribunals: Transitional Justice, Trial Narratives, and Historiography, New York 2012, S. 223.
[34] Vismann, Cornelia. Medien der Rechtsprechung, Berlin 2011, S. 247.
[35] Vgl. Weckel, Ulrike: The Power of Images. In: Priemel, Kim C.; Stiller, Alexa (Hrsg.). Reassessing the Nuremberg Military Tribunals: Transitional Justice, Trial Narratives, and Historiography, New York 2012, S. 226.
[36] Weckel, Ulrike. Beschämende Bilder: Deutsche Reaktionen auf alliierte Dokumentarfilme über befreite Konzentrationslager, Stuttgart 2012, S.187.
[37] Vgl. Weinke, Anette. Die Nürnberger Prozesse, München 2006, S. 47.
[38] Brink, Cornelia. Ikonen der Vernichtung: Öffentlicher Gebrauch von Fotografien aus nationalsozialistischen Konzentrationslagern nach 1945, Berlin 1998, S. 118.
[39] Weckel, Ulrike. Beschämende Bilder: Deutsche Reaktionen auf alliierte Dokumentarfilme über befreite Konzentrationslager, Stuttgart 2012, S. 210.

war Walther Funk. Er „schwitzte, zuckte und weinte so hemmungslos, daß die Gefängsnisausfsicht den ganzen Film hindurch beriet, ob sie ihn nicht wegführen sollte"[40].

Auch Hjalmar Schacht gehörte zu denjenigen die eine klare und deutliche Reaktion zeigten. Er „versuchte, durch sein Verhalten eine stumme Botschaft zu senden, und zwar dadurch, dass er sich *Nazi Concentration Camps* demonstrativ nicht anschaute"[41]. Er wurde nämlich schon 1944 nach dem Attentat auf Hitler von den Nazis gefangen genommen und beteuerte deshalb seine Unschuld.

Eine Alternative keine Gefühle preiszugeben, bestand theoretisch darin, falsche Gefühle vorzutäuschen, von denen man sich Vorteile versprach – so war es für außenstehende Beobachter unmöglich festzustellen, was ein Angeklagter während der Filmvorführung tatsächlich empfand[42].

„Wie nicht anders zu erwarten, ergeben die Darstellungen von Psychologen, Journalisten und Prozessbeteiligten kein einheitliches Bild"[43]. Demzufolge kann man den Versuch der Schuldfeststellung der Angeklagten anhand ihrer Reaktionen auf *Nazi Concentration Camps* als gescheitert ansehen. Nichtsdestotrotz war ein Stimmungsumschwung zu bemerken. Nach Ende der Filmvorführung registrierten die Anwesenden, dass die Angeklagten nicht wie gewohnt miteinander redeten und die acht Richter sich wortlos erhoben, ohne die Verhandlung zu unterbrechen, wie es sonst immer üblich war[44]. *Das Volk*, die Tageszeitung der SPD schrieb dazu: „Es war wohl das erstemal, daß die Angeklagten fühlten, daß sie tatsächlich die Verbrecher waren, als die man sie anklagte"[45]. Das ist reine Spekulation, aber mit einem gewissen Einfühlungsvermögen, muss man feststellen, dass die Angeklagten sich entweder geschämt oder ansatzweise schuldig gefühlt haben.

Außerdem war bei den Anwälten der Angeklagten eine Reaktion zu erkennen. Für sie und deren Verteidigungsstrategie war der Film „geradezu niederschmetternd und demoralisierend"[46]. Nach dem Verhandlungstag „ging ein Anwalt mit seinem Kommentar sogar so weit zu erklären: »Je eher man meinen Mandanten hängt, desto besser«"[47].

---

[40] Mann, Erika: KZ-Filme. In: Radlmeier, Stefan (Hrsg.). Der Nürnberger Lernprozess, Von Kriegsverbrechern und Starreportern, Frankfurt 2001, S. 122.
[41] Weckel, Ulrike. Beschämende Bilder: Deutsche Reaktionen auf alliierte Dokumentarfilme über befreite Konzentrationslager, Stuttgart 2012, S. 212.
[42] Vgl. ebd., S. 211.
[43] Ebd., S. 211.
[44] Vgl. ebd., S. 219.
[45] Ebd., S. 222.
[46] Mann, Erika: KZ-Filme. In: Radlmeier, Stefan (Hrsg.). Der Nürnberger Lernprozess, Von Kriegsverbrechern und Starreportern, Frankfurt 2001, S. 123.
[47] Ebd., S. 124.

Nazi Concentration Camps im Hauptkriegsverbrecherprozess zu zeigen war allgemein kein Scheitern. Auch wenn der Versuch fehlschlug, die Schuld der Angeklagten anhand deren Reaktionen auf die atrocity-Filme festzustellen, war er dennoch ein Erfolg, auch aus psychologischer Hinsicht. Zum einen kam die Öffentlichkeit das erste Mal mit Bildern des Schreckens des NS-Regimes in Kontakt, sodass möglicherweise der Unglaube über die Gräueltaten immer kleiner wurde. Außerdem wurden Teile der Filme als Beweismaterial zugelassen und so die Anklage der Alliierten gestärkt. Zu guter Letzt haben die Filme, vor allem *Nazi Concentration Camps*, wahrscheinlich bei manchen Angeklagten Gefühle wie Scham und Schuld ausgelöst. Diese Annahme ist unterstützt durch die Tatsachen, dass die Richter, ohne ein Wort zu sagen, den Gerichtssaal verlassen haben und die Angeklagten, aufgrund gedrückter Stimmung, nicht miteinander redeten. Selbst die Verteidiger waren zum Teil den eigenen Mandanten, kurzzeitig oder generell nicht mehr wohlgesonnen.

2.3.2 Die Öffentlichkeit

Die atrocity-Filme waren nicht nur für die Vorführung im Gericht gedacht. Sie sollten auch der deutschen Bevölkerung gezeigt werden, die gerade nicht nur einen Krieg verloren hatte, sondern auch in großen Teilen ihre Wohnsitze. Und nun standen deren Staatsoberhäupter, denen sie jahrelang vertrauten, angeklagt vor einem Kriegsprozess. Man kann sich nur die unterschiedlichen Stimmungen vorstellen, die in der Öffentlichkeit geherrscht haben. Auf der einen Seite möglicherweise Freude, dass der Krieg vorbei ist, auf der anderen Angst, Schuldgefühle und Ungewissheit.

Die Filme waren Teil der Alliierten Reeducation-Politik – man wollte der deutschen Bevölkerung Ausschnitte über Propaganda und Kriegsverbrechen zeigen[48]. Die deutschen Filmzuschauer waren eine durchaus heterogene Gruppe, in der Schuld und Schuldgefühle gewiss nicht gleichmäßig verteilt waren[49], denn es gab „unter den Deutschen, die 1945/46 mit einem alliierten KZ-Film konfrontiert wurden, nachweislich etliche (…), die ihre Loyalität zum untergegangenen Regime noch keineswegs aufgekündigt hatten"[50]. So entschieden sich die Alliierten dazu „den Deutschen durch visuelle Konfrontation ein Schuldbewusstsein einzuflößen"[51]. Bei den Personen, die eine abwehrende Haltung gegenüber den atrocity-Filmen

---

[48] Vgl. Weckel, Ulrike. Beschämende Bilder: Deutsche Reaktionen auf alliierte Dokumentarfilme über befreite Konzentrationslager, Stuttgart 2012, S. 355ff.
[49] Vgl. ebd., S. 528.
[50] Ebd., S. 526.
[51] Ebd., S. 24.

hatten, vermutete man trotz der Abwehrhaltung dahinterstehende uneingestandene Schuldgefühle[52].

Die amerikanische Regierung entschloss sich zu einem Konzept, den Film *Die Todesmühlen* in Kinos für die Bevölkerung zu zeigen – außerdem wurden Spielfilme in Kinos nur in Kombination mit der alliierten Wochenschau, während des Hauptkriegsverbrecherprozesses, und einem Dokumentarfilm bzw. mit Ausschnitten eines atrocity-Films abgespielt[53]. Dadurch, dass unzählige Zuschauer den Prozess gegen die NS-Repräsentanten in den Wochenschauen im Kino verfolgten[54], konnte dadurch bereits eine breite Masse mit den Bildern konfrontiert werden.

Die Filmvorführungen sollten für die deutschen „Zuschauer eine Mischung aus Aufklärungsveranstaltung und öffentlicher Beschämung darstellen"[55], denn ihnen wurde vorgeworfen, „dass ihr begrenztes Wissen sie nicht stärker beunruhigt hatte und sie nicht mehr hatten wissen wollen"[56]. Es gaben mehr als 80 Prozent der Kinogänger an, Neues über Konzentrationslager und Judenvernichtung erfahren zu haben[57], woraus man rückschließen kann, dass doch ein Teil der Bevölkerung mehr wusste, aber nichts unternommen hatte.

Ebenfalls verfolgten die Alliierten den Plan, dass die Zuschauer durch die Filme tief erschüttert werden, die Wahrheit über die Verbrechen erkennen, einen Zorn auf die Täter verspüren und Mitgefühl für die Opfer entwickeln[58]. Es gab aber auch regimetreue Bürgerinnen und Bürger, die die NS-Verbrechen nicht leugneten, sondern eher begrüßten – auf sie wollte man keine weiteren Anstrengungen der Reeducation verschwenden[59].

Bei den atrocity-Film-Vorführungen verzichtete aber die alliierte Regierung „bewusst auf Zwang, versuchte aber dennoch, so viele Menschen wie möglich mit dem Film zu erreichen"[60]. Es entschieden sich mehrere Hunderttausend dafür, einen solchen atrocity-Film anzuschauen[61].

---

[52] Vgl. Weckel, Ulrike. Beschämende Bilder: Deutsche Reaktionen auf alliierte Dokumentarfilme über befreite Konzentrationslager, Stuttgart 2012, S. 507.
[53] Vgl. ebd., S.362f.
[54] Vgl. Vismann, Cornelia. Medien der Rechtsprechung, Berlin 2011, S. 223.
[55] Weckel, Ulrike. Beschämende Bilder: Deutsche Reaktionen auf alliierte Dokumentarfilme über befreite Konzentrationslager, Stuttgart 2012, S. 528.
[56] Ebd. S. 13.
[57] Vgl. Wagner, Hans-Ulrich. Der Nürnberger Hauptkriegsverbrecherprozess als Medienereignis, Die Berichterstattung durch die Rundfunksender in den westalliierten Besatzungszonen 1945/46. In: Zeitgeschichte-online, Oktober 2015.
[58] Vgl. Weckel, Ulrike. Beschämende Bilder: Deutsche Reaktionen auf alliierte Dokumentarfilme über befreite Konzentrationslager, Stuttgart 2012, S.12.
[59] Vgl. ebd., S. 506f.
[60] Ebd., S. 363f.
[61] Vgl. ebd., S. 550.

Mehrere Hunderttausend Menschen hören sich bei einer Bevölkerungsanzahl im Jahr 1945 von circa 65 Millionen nicht essenziel viel an, doch erreichten die Filmausschnitte noch weitere Teile der Bevölkerung, durch die eben genannten Wochenschauen.

Das Ausmaß der nationalsozialistischen Gewaltverbrechen, das über die Presse und Filme verbreitet wurde, wirkte in der breiten deutschen Nachkriegsöffentlichkeit wie ein Schock und bei vielen Deutschen stand außer jedem Zweifel, dass die Angeklagten verurteilt werden müssten[62]. Diese Reaktion war häufig gepaart mit Ausdrücken des Entsetzens, sowie Beteuerungen, das nun Erfahrene nicht gewusst zu haben, weshalb auch eine kleine Minderheit der These einer kollektiven deutschen Schuld zustimmte[63]. Ebenfalls wurden die Film- und Fotoaufnahmen von Kinobesuchern betrachtet, bei denen man aus der Haltung der einzelnen Personen durchaus Zeichen von Scham herauslesen konnte – dies wurde unterstützt durch die Antworten nach Befragungen der Kinogänger, man schäme sich, Deutscher zu sein bzw. dem deutschen Volk anzugehören[64].

Auch wenn Einiges dafürsprach, „dass der KZ-Film die Wenigsten gänzlich unberührt gelassen hatte"[65] gelangten etliche zeitgenössische Beobachter:innen und historische Forscher:innen zu der Ansicht, dass das Projekt gescheitert wäre, aufgrund der schon erwähnten wenigen Zuschauer und das daraus resultierende geringe Interesse der deutschen Bevölkerung, sich einen atrocity-Film anzuschauen[66]. Das ist mit großer Wahrscheinlichkeit auf die Forderung der Deutschen, es müsse ein Schlussstrich gezogen werden[67], zurückzuführen.

Die Amerikaner jedoch hielten die Filmvorführungen keineswegs für gescheitert, weil sie nie ein Wunder erwartet haben und eher mit Protesten und Boykott gerechnet hatten und das tatsächliche Publikumsverhalten Scham- und Schuldgefühle zeigte[68].

Das Urteil über den Erfolg des KZ-Films *Die Todesmühlen* hängt folglich von den zuvor gehabten Erwartungen an den Film ab. Die Amerikaner kannten die Heterogenität der deutschen Bevölkerung und erwartete auch keinen besonders großen Ansturm auf den Film, viel eher mit gegenteiligen Reaktionen. Sie wollten aber bei den Deutschen Scham- und Schuldgefühle hervorrufen, was sie auch geschafft haben, auch wenn nicht festzustellen ist, „ob

---

[62] Vgl. Steinbach, Peter. Nationalsozialistische Gewaltverbrechen: Die Diskussion in der deutschen Öffentlichkeit nach 1945, Berlin 1981, S. 21.

[63] Vgl. Weckel, Ulrike. Beschämende Bilder: Deutsche Reaktionen auf alliierte Dokumentarfilme über befreite Konzentrationslager, Stuttgart 2012, S. 551.

[64] Vgl. ebd., S. 516f.

[65] Ebd., S. 555.

[66] Vgl. ebd., S. 520.

[67] Vgl. Steinbach, Peter. Nationalsozialistische Gewaltverbrechen: Die Diskussion in der deutschen Öffentlichkeit nach 1945, Berlin 1981, S. 11.

[68] Vgl. Weckel, Ulrike. Beschämende Bilder: Deutsche Reaktionen auf alliierte Dokumentarfilme über befreite Konzentrationslager, Stuttgart 2012, S. 506.

tatsächlich der KZ-Film das Schuldbewusstsein ausgelöst hatte oder ob bei ihnen ein solches nicht vorher schon vorhanden gewesen war"[69].

Abschließend ist hervorzuheben, dass die breite Masse der deutschen Bevölkerung über die alliierten Filmaufnahmen, die im Gerichtssaal oder in Kinos gezeigt wurden, entsetzt und geschockt gewesen und fortan für die Verurteilung der NS-Verbrecher war. Ein großer Schritt für die Reeducation war demnach getan.

2.3.3 Vor- und Nachteile

Nachdem nun die Strategien und Wirkungen der atrocity-Filme analysiert wurden, folgt eine Auseinandersetzung mit den Vor- und Nachteilen des Zeigens solcher Filme, sowohl im Gericht als auch in der Öffentlichkeit. Die atrocity Filme waren nicht nur im Gericht ein Novum[70], sondern auch der Versuch, die Gräueltaten der NS-Verbrecher einer ganzen Bevölkerung nahe zu bringen.

Ein wichtiger Vorteil der Filme war die Aussagekraft der Aufnahmen, denn für die meisten Zeitgenossen waren Filmbilder ein „getreues Abbild der Realität, selbst wenn sie um Ausschnitt, Inszenierungscharakter und Fälschungsmöglichkeiten wussten"[71]. Hier greift auch das Konzept des amerikanischen Chefanklägers Robert H. Jackson, dass in Anbetracht der unglaublichen Verbrechen die Anklage nicht primär auf Zeugenaussagen begründet wurde, die dann vielleicht erneut angezweifelt würden, sondern vor allem auf unwiderlegbaren dokumentarischen Beweisen[72]. Wie vermutet, bekannten sich die Angeklagten als nicht schuldig, sodass die atrocity-Filme in Verbindung mit Dokumenten das Gegenteil beweisen konnten[73].

Ebenfalls war aus Sicht der Ankläger die Distanzierung der anwaltlichen Verteidiger zu den Angeklagten[74] vorteilhaft.

Jedoch war keiner dieser Filme ausschlaggebend für die Urteile, da dadurch allein nicht bewiesen werden konnte, ob die einzelnen Angeklagten, das zu Sehende verordnet hatten[75], denn keiner der Angeklagten war auf „irgendeiner Aufnahme zu sehen"[76]. Ein weiterer

---

[69] Weckel, Ulrike. Beschämende Bilder: Deutsche Reaktionen auf alliierte Dokumentarfilme über befreite Konzentrationslager, Stuttgart 2012, S. 498.
[70] Vgl. Vismann, Cornelia. Medien der Rechtsprechung, Berlin 2011, S.223.
[71] Weckel, Ulrike. Beschämende Bilder: Deutsche Reaktionen auf alliierte Dokumentarfilme über befreite Konzentrationslager, Stuttgart 2012, S. 46.
[72] Vgl. ebd., S. 192.
[73] Vgl. ebd., S. 200.
[74] Vgl. ebd., S. 209.
[75] Vgl. Weckel, Ulrike: The Power of Images. In: Priemel, Kim C.; Stiller, Alexa (Hrsg.). Reassessing the Nuremberg Military Tribunals: Transitional Justice, Trial Narratives, and Historiography, New York 2012, S. 222.
[76] Weckel, Ulrike. Beschämende Bilder: Deutsche Reaktionen auf alliierte Dokumentarfilme über befreite Konzentrationslager, Stuttgart 2012, S. 199.

Einwand ist die Ansicht, dass die atrocity-Filme den Opfern keine Stimme verliehen hatten, denn ihre Namen oder Geschichten wurden nicht genannt und so wurden sie vielmehr ein weiteres Mal entindividualisiert den Blicken anderer preisgegeben[77].

Die höhere Einstufung des Beweiswertes eines filmischen Dokuments, vor einer Zeugenaussage[78] ist ebenfalls kritisch anzusehen. Dennoch zeigten die Filme die Grausamkeit, die nicht in Worte zu fassen waren und immer noch sind.

Die atrocity-Filme waren ein schwaches juristisches Mittel, hatten aber eine große psychologische Wirkung[79].

3. Schlussbetrachtung

3.1 Wirkung der atrocity-Filme / Beantwortung der Leitfragen

Der Nürnberger Hauptkriegsverbrecherprozess war „ein internationales Medienereignis, bei dem zum ersten Mal in der Geschichte des 20. Jahrhunderts strafprozessuale Aufklärung und gezielte massenmediale Öffentlichkeitsarbeit in strategischer Weise miteinander kombiniert wurden"[80]. Die große Aufgabe einer Reeducation und Demokratisierung eines ganzen Landes war das Hauptziel.

Die Alliierten versuchten dem Gericht und der Bevölkerung die Gräueltaten des NS-Regimes durch Filme zu verdeutlichen. Im Gericht wurden nicht alle Filmausschnitte als Beweis zugelassen[81], dennoch erfüllten sie ihren Zweck. Die Angeklagten wurden beschämt und das Entsetzen machte nur vor den Wenigsten halt, sodass sogar die Verteidiger der Angeklagten entmutigt wurden[82].

Die Reaktionen in der Öffentlichkeit fielen verschieden aus. Es ist demnach schwer ein einheitliches Urteil zu fällen, zumal es ganz auf die Betrachtungsweise ankommt, da beispielsweise die Amerikaner selbst die atrocity-Filme für die Öffentlichkeit als Erfolg ansahen, weil sie eher mit Protesten rechneten anstatt mit tatsächlichen Kinobesuchern[83].

---

[77] Vgl. Weckel, Ulrike. Beschämende Bilder: Deutsche Reaktionen auf alliierte Dokumentarfilme über befreite Konzentrationslager, Stuttgart 2012, S. 180.

[78] Vgl. Vismann, Cornelia. Medien der Rechtsprechung, Berlin 2011, S. 247.

[79] Vgl. Weckel, Ulrike: The Power of Images. In: Priemel, Kim C.; Stiller, Alexa (Hrsg.). Reassessing the Nuremberg Military Tribunals: Transitional Justice, Trial Narratives, and Historiography, New York 2012, S. 231.

[80] Weinke, Anette. Die Nürnberger Prozesse, München 2006, S. 44.

[81] Vgl. Weckel, Ulrike: The Power of Images. In: Priemel, Kim C.; Stiller, Alexa (Hrsg.). Reassessing the Nuremberg Military Tribunals: Transitional Justice, Trial Narratives, and Historiography, New York 2012, S. 229.

[82] Vgl. Mann, Erika: KZ-Filme. In: Radlmeier, Stefan (Hrsg.). Der Nürnberger Lernprozess. Von Kriegsverbrechern und Starreportern, Frankfurt 2001, S. 123.

[83] Vgl. Weckel, Ulrike. Beschämende Bilder: Deutsche Reaktionen auf alliierte Dokumentarfilme über befreite Konzentrationslager, Stuttgart 2012, S. 506.

Mehrere Hunderttausend Menschen schauten sich atrocity-Filme an[84] von denen viele neues über NS-Verbrechen lernten und verabscheuten[85]. Ein kleiner Anteil des Volkes konnte aufgrund ihrer Einstellung nicht demokratisiert werden[86]. Andere wollten sich die Filme nicht anschauen, da sie nach jahrelangem Krieg einen Schlussstrich anstrebten[87].

Durch die Filme wurde gewiss nicht die ganze Bevölkerung demokratisiert, da eine tiefsitzende, propagierte Überzeugung nicht von heute auf morgen geändert werden konnte, dennoch waren sie ein wichtiger Schritt in Richtung Aufklärung. Ebenfalls konnte durch die Filme eine „Beschäftigung mit den Verbrechen prägend wirken und (…) ernsthafte Reflexionen auslösen[88].

Abschließend ist hervorzuheben, dass die atrocity-Filme dem Verbrechen ein Bild gaben und diese den Grundstein für die Aufklärungsarbeit legten. Erschreckende Bilder wurden gesehen und individuell verarbeitet und durch die Presse oder durch Kinogänger in der Gesellschaft verbreitet. In den 50er Jahren beteiligten sich zunehmend mehr Bundesdeutsche an öffentlichen Debatten über Schuld und Verantwortung zur NS-Zeit[89] und der Nationalsozialismus wurde in seiner Grenzenlosigkeit öffentlich einheitlich verurteilt[90]. Dies ist ein Indiz für eine gelungene Reeducation und Demokratisierung, bei der die atrocity-Filme eine essenzielle Rolle gespielt haben.

---

[84] Vgl. Weckel, Ulrike. Beschämende Bilder: Deutsche Reaktionen auf alliierte Dokumentarfilme über befreite Konzentrationslager, Stuttgart 2012, S. 550.
[85] Vgl. Wagner, Hans-Ulrich. Der Nürnberger Hauptkriegsverbrecherprozess als Medienereignis, Die Berichterstattung durch die Rundfunksender in den westalliierten Besatzungszonen 1945/46. In: Zeitgeschichte-online, Oktober 2015.
[86] Vgl. Weckel, Ulrike. Beschämende Bilder: Deutsche Reaktionen auf alliierte Dokumentarfilme über befreite Konzentrationslager, Stuttgart 2012, S. 506.
[87] Vgl. Steinbach, Peter. Nationalsozialistische Gewaltverbrechen: Die Diskussion in der deutschen Öffentlichkeit nach 1945, Berlin 1981, S. 11.
[88] Knoch, Habbo. Die Tat als Bild: Fotografien des Holocaust in der deutschen Erinnerungskultur, Hamburg 2001, S. 281.
[89] Vgl. Weckel, Ulrike. Beschämende Bilder: Deutsche Reaktionen auf alliierte Dokumentarfilme über befreite Konzentrationslager, Stuttgart 2012, S. 510.
[90] Vgl. Knoch, Habbo. Die Tat als Bild: Fotografien des Holocaust in der deutschen Erinnerungskultur, Hamburg 2001, S. 424f.

4. Literaturverzeichnis

Quellen:

- Mann, Erika: KZ-Filme. In: Radlmeier, Stefan (Hrsg.). Der Nürnberger Lernprozess, Von Kriegsverbrechern und Starreportern, Frankfurt 2001.

Sekundärliteratur:

- Brink, Cornelia. Ikonen der Vernichtung: Öffentlicher Gebrauch von Fotografien aus nationalsozialistischen Konzentrationslagern nach 1945, Berlin 1998.

- Knoch, Habbo. Die Tat als Bild: Fotografien des Holocaust in der deutschen Erinnerungskultur, Hamburg 2001.

- Müller, Ingo. Der Nürnberger Prozeß: Die Anklagereden des Hauptanklagevertreters der Vereinigten Staaten von Amerika Robert H. Jackson, Weinheim 1995.

- Priemel, Kim Christian: Stimmen im Kopf, Mithören und Mitmachen in den Nürnberger Prozessen (1945-1949). In: Zeithistorische Forschungen, Göttingen 2019.

- Steinbach, Peter. Nationalsozialistische Gewaltverbrechen: Die Diskussion in der deutschen Öffentlichkeit nach 1945, Berlin 1981.

- Vismann, Cornelia. Medien der Rechtsprechung, Berlin 2011.

- Weckel, Ulrike. Beschämende Bilder: Deutsche Reaktionen auf alliierte Dokumentarfilme über befreite Konzentrationslager, Stuttgart 2012.

- Weckel, Ulrike: The Power of Images. In: Priemel, Kim C.; Stiller, Alexa (Hrsg.). Reassessing the Nuremberg Military Tribunals: Transitional Justice, Trial Narratives, and Historiography, New York 2012.

- Weinke, Anette. Die Nürnberger Prozesse, München 2006.

Literaturnachweis Internet:

- Wagner, Hans-Ulrich. Der Nürnberger Hauptkriegsverbrecherprozess als Medienereignis, Die Berichterstattung durch die Rundfunksender in den westalliierten Besatzungszonen 1945/46. In: Zeitgeschichte-online, Oktober 2015.
URL: https://zeitgeschichte-online.de/geschichtskultur/der-nuernberger-hauptkriegsverbrecherprozess-als-medienereignis.